Bartosz Mazur

Theoretische Grundlagen der systemischen Beratung

GRIN Verlag

Bibliografische Information der Deutschen Nationalbibliothek:

Die Deutsche Bibliothek verzeichnet diese Publikation in der Deutschen National-
bibliografie; detaillierte bibliografische Daten sind im Internet über http://dnb.d-
nb.de/ abrufbar.

Impressum:

Copyright © 2012 GRIN Verlag GmbH
Druck und Bindung: Books on Demand GmbH, Norderstedt Germany
ISBN: 978-3-656-38013-9

Dieses Buch bei GRIN:

http://www.grin.com/de/e-book/209893/theoretische-grundlagen-der-systemischen-
beratung

GRIN - Your knowledge has value

Der GRIN Verlag publiziert seit 1998 wissenschaftliche Arbeiten von Studenten, Hochschullehrern und anderen Akademikern als eBook und gedrucktes Buch. Die Verlagswebsite www.grin.com ist die ideale Plattform zur Veröffentlichung von Hausarbeiten, Abschlussarbeiten, wissenschaftlichen Aufsätzen, Dissertationen und Fachbüchern.

Theoretische Grundlagen der systemischen Beratung

Fachhochschule Koblenz

-

Standort Remagen

Fachbereich Betriebs- und Sozialwirtschaft

SS 2012

„Systemische Beratung"

Abgabedatum: 04.08.2012

von Bartosz Mazur

I. Inhaltsverzeichnis...**I**

1 Grundlagen der systemischen Beratung..1

1.1 Systemisches Denken...1

1.2 Voraussetzungen des systemischen Denkens...2

2 Kernaspekte der systemischen Beratung...3

2.1 Wirklichkeit..3

2.2 Kausalität..6

2.3 Kybernetik...7

3 Ausgewählte Merkmale der systemischen Beratung...9

3.1 Das systemische Weltbild...9

3.2 Lösungs- und ressourcenorientierter Ansatz..10

II. Literaturverzeichnis...**11**

1 Grundlagen der systemischen Beratung

1.1 Systemisches Denken

Dabei handelt es sich um eine erweiterte, ganzheitliche Denkart, welche ihren Ursprung aus der Tatsache ableitet, dass wir Menschen soziale und damit beziehungsorientierte Wesen sind. Der systemische Ansatz ist eine Ergänzung zu der klassischen internen persönlichkeitsspezifischen Betrachtungsweise, aus der man das Verhalten eines Individuums ableitet. In der systemischen Beratung wird kontextabhängig gearbeitet. Das Individuum wird nicht unabhängig von seiner Umwelt betrachtet, sondern in eine ganzheitliche und aus Wechselwirkungen bestehende Umwelt eingebettet.[1]

Durch Einbeziehung diverser erkenntnis- und systemtheoretischer Positionen in diese Denkart, werden im systemischen Ansatz die Grundfragen menschlicher Existenz und des Zusammenlebens fokussiert. Auf der theoretischen Ebene tangiert es die Bereiche der Epistemologie und der Ontologie. Auf einer pragmatischen Ebene sollen Antworten im Hinblick auf gesellschaftliche Fragen z.B. der Politik, Ökologie sowie der Therapie geliefert werden. Hauptziel im Kontext des systemischen Denkens sowie der Beratung ist die Komplexitätsreduktion. Das systemische Denken wird von zwei grundlegenden Säulen gestützt: Systemtheorie und Erkenntnistheorie.[2]

Auf die erkenntnistheoretische Basis bzw. die konstruktivistische Perspektive gehe ich unter Punkt 2.1 näher ein. Zunächst einmal werden wir die Systemtheorie fokussieren, welche als Ausgangspunkt für die systemische Beratung anzusehen ist. Ein System lässt sich als ein ganzheitlicher Zusammenhang von Elementen, dessen Beziehung zueinander eine auffällige Signifikanz in sowohl quantitativer als auch qualitativer Art umfassen, bezeichnen. Es lässt sich in seiner geschlossenen Ganzheitlichkeit von Elementen von anderen Systemen der Umwelt abgrenzen.[3] Für die systemische Denkweise und Beratung sind insbesondere die sog. organismischen, sozialen und psychischen Systeme von Relevanz. Dabei sind sie jeweils als eigenständige Systeme zu betrachten, welche jedoch in einer sich gegenseitig konstituierenden Wechselbeziehung vorzufinden sind.[4]

---

[1] Vgl. Bamberger, Günter G. (Hrsg.) (2005, Basel): Lösungsorientierte Beratung S. 6
[2] Vgl. Ludewig, Kurt (Hrsg.) (2009, Heidelberg):
    Einführung in die theoretischen Grundlagen der systemischen Therapie S. 12 - 13
[3] Vgl. Bartscher, Thomas/ Stöckl, Juliane (Hrsg.) (2011, Freiburg):
    Veränderungen erfolgreich managen S. 63
[4] Vgl. Kleve, Heiko (Hrsg.) (2010, Wiesbaden): Konstruktivismus und soziale Arbeit S. 149

Unterstützung findet der systemische Ansatz also durch die Systemtheorie, welche die Wissenschaft von Wechselwirkungen und der gegenseitigen Beeinflussung der entsprechenden Teilelemente ist. [5]

1.2 Voraussetzungen für systemisches Denken

Der Beobachter gilt als Ursprung des Erkennens und damit auch der Wirklichkeitskonstruktion. Der Prozess des Beobachtens sowie die fundamentalen Bedingungen der lebendigen Existenz müssen zunächst einmal näher betrachtet werden. In diesem Zusammenhang unterteilen wir die Kernvoraussetzungen des systemischen Denkens in **biologische** und **soziologische Voraussetzungen**. Der Mensch als biologisches Wesen ist als ein autopoetisches System strukturdeterminiert und autonom. Die Kognition kann nicht als tatsächliche Abbildung der Umwelt betrachtet werden und ist auch nicht beliebig, sondern wird durch die Sinnesorgane und das zentrale Nervensystem ermöglicht. Die menschliche Kognition basiert auf subjektiven Beobachtungen, welche durch Sprache konsensualisiert werden. Soziologische Voraussetzungen sind von Bedeutung, da Menschen soziale Lebewesen sind. Soziale Systeme sind durch Kommunikation determiniert und setzen Aktion und Beobachtung voraus. Wirklichkeiten werden durch Sozialisierung, Sprache und Kommunikation geprägt. [6] Wir haben bereits feststellen können, dass der systemische Ansatz den Ursprung der Kognition und damit auch jeder Wirklichkeit im Menschen selbst sucht. Dabei bezeichnen wir den beobachtenden Menschen als "Beobachter". Im systemischen Ansatz wird der Mensch als ein biologisches und zugleich auch als ein soziales Wesen betrachtet. Zudem gilt der Mensch zugleich als denkendes sowie auch fühlendes Wesen. Dabei sind Kognition und Affekt sowie das Denken und Fühlen unzertrennlich und zueinander interdependent. [7] Aufgrund der autopoietischen Organisation sind Menschen komplex und undurchschaubare, sich ständig verändernde Lebewesen. Als soziale Akteure in einem System versuchen sie ihre biologische Individualität durch eine Konsensualisierung zu überbrücken. Den Konsens versucht der Mensch durch Sprache und Kommunikation mit anderen Menschen zu erlangen. Dabei ist das Individuum erst ein Mensch wenn andere Menschen vorhanden sind. Der Mensch wird zum Mensch in einem sozialen Miteinander. [8]

---

[5] Vgl. Osterhold, Gisela (Hrsg.) (2002, Wiesbaden): Veränderungsmanagement S. 22 - 23
[6] Vgl. Ludewig, Kurt (Hrsg.) (2009, Heidelberg):
   Einführung in die theoretischen Grundlagen der systemischen Therapie S. 19 - 49
[7] Vgl. Schiepek, Günter (Hrsg.) (1999, Göttingen): Die Grundlagen der systemischen Therapie S. 45 ff.
[8] Vgl. Ludewig, Kurt (Hrsg.) (2009, Heidelberg):
   Einführung in die theoretischen Grundlagen der systemischen Therapie S. 54 - 55

2 Kernaspekte der systemischen Beratung

Unter diesem Punkt möchten wir dem Leser die zentralen Aspekte einer systemischen Denkhaltung bzw. einer systemischen Beratung näher bringen. Die im Nachfolgendem betrachteten Aspekte sind von essentieller Bedeutung für die entsprechenden erkenntnistheoretischen Prämissen einer systemischen Beratung. Dabei handelt es sich um die Frage nach der Wirklichkeit sowie der Wahrheit, welche eng mit dem Konstruktivismus zusammenhängt. Der zweite Aspekt fokussiert die Kausalität und stellt diese gleichzeitig für eine systemische Denkhaltung in Frage. Schlussendlich möchten wir die sog. Kybernetik als dritten Grundbaustein der systemischen Beratung vorstellen.

2.1 Wirklichkeit

Um den Grundgedanken hinsichtlich der Wirklichkeit aus einer systemischen Perspektive bestmöglich darzustellen, bietet sich das folgende Zitat von HUMBERTO MATURANA an:

> *"Ein System ist nicht ein Etwas, das dem Beobachter präsentiert wird, es ist ein Etwas, das von ihm erkannt wird."* (MATURANA 1982)

Hierdurch werden wir explizit mit der Essenz einer systemischen Erkenntnistheorie konfrontiert. Das System kann nur als solches angesehen werden, wenn es in Beziehung zum erkennendem Beobachter gesetzt werden kann. Das System muss also zunächst einmal vom Beobachter erkannt und als solches akzeptiert werden. Er oder Sie entscheiden darüber, wie die Komplexität des ganzheitlichen Ökosystems in Subsysteme herunter gebrochen wird. Das systemische Verständnis von Wirklichkeit beruft sich also auf die Tatsache, dass die Wirklichkeit niemals losgelöst vom Beobachter angesehen werden kann. Dies bedeutet nicht, dass es keine Wirklichkeit gibt, jedoch unterstellt die Sinnlosigkeit von ihr zu sprechen ohne der Interdependenz zwischen dem erfahrenden System (beobachtendes System) und dem zu erfahrenden System (beobachtetes System) ein Hauptaugenmerk zu verleihen. Die erkenntnistheoretische Basis des systemischen Ansatzes ist der Konstruktivismus. Es stellt sich die Frage, inwiefern wir aktiv an der Erstellung unserer Wirklichkeit Anteil haben.[9]

Hierbei handelt es sich um die Idee, dass die Welt, in der wir existieren, lediglich unsere Erfindung sei. Dabei geht man davon aus, dass wir als Individuum die Welt nie unmittelbar erleben, sondern diese erst durch unsere Sinnesorgane und Nervenzellen vermittelt bekommen. Die Welt, die wir erleben ist demnach nur unser eigens geschaffenes Abbild

---

[9] Vgl. Von Schlippe, Arist/ Schweitzer, Jochen (Hrsg.) (2003, Göttingen):
Lehrbuch der systemischen Therapie und Beratung S. 86 - 87

dieser erlebten Welt. Diese Tatsache stellt die Frage nach der Objektivität in Frage, wodurch auch unser Anspruch auf die Wahrheit subjektiviert wird.[10] Zentrale Aussage hierbei ist der Gedanke, dass uns Menschen grundsätzlich nur subjektive Wirklichkeiten zuteilwerden. Der Konstruktivismus ist ein Grundelement der systemischen Beratung und stellt den Menschen also als Konstrukteur seiner "individuellen" Realität in den Vordergrund.[11]

Nach FOERSTER (1981) handelt es sich bei der von uns wahrgenommenen Umwelt um unsere eigene Erfindung. Wir gestalten demnach unsere Realität in einem aktiven Prozess, wobei die Wirklichkeit als Ergebnis von Unterscheidungen anzusehen ist. Wir reduzieren die Komplexität nach unserem Ermessen, damit wir Orientierung für unser Überleben sicherstellen. Doch sollte man diese Art von Konzepten nicht mit der Wirklichkeit verwechseln, denn wir sind für die "Wirklichkeit und Wahrheit" selbst verantwortlich. Das lässt uns darauf schließen, dass man sich irren kann oder das andere Menschen verschiedene Sichtweisen haben können. Die Eigenschaften "richtig" oder "falsch" müssen nicht kongruent mit unseren Vorstellungen von "richtig" und "falsch" sein. Doch was ist schon "richtig" und "falsch"?[12]

WATZLAWICK unterteilt die Wirklichkeit in eine **Wirklichkeit 1. Ordnung** und in eine **Wirklichkeit 2. Ordnung**. Diese Segmentierung soll den Prozess der Konstruktion von Realität darstellen. Die Wirklichkeit, welche durch unsere Sinnesorgane und ein gesundes Zentralnervensystem vermittelt wird, wird als Wirklichkeit der 1. Ordnung bezeichnet. Die faktischen Abläufe können weitestgehend von einer breiten Maße von Individuen als Tatsache wahrgenommen werden. Bewegen wir uns auf der Ebene der Wirklichkeit der 2. Ordnung, so wird der Prozess weitaus komplexer. Hierbei handelt es sich um die Ebene der Zuschreibung von Sinn, Bedeutung und der Wertbeimessung. Diese Ebene ist überaus individuell und kulturbedingt, wobei jedoch auch ein kollektives Bewusstsein betroffen sein kann, denn wir werden in eine bestimmte Kultur, Gesellschaft oder Familie hineingeboren. Diese Systeme haben ihre vorgegebene Gesetzmäßigkeiten. Dabei wird uns von klein auf eine Wirklichkeit "diktiert", welche selbstverständlich starken Einfluss auf unsere Realität ausübt.

Als Beispiel für die zwei Ordnungen der Wirklichkeit lässt sich die Farb- und Lichtwahrnehmung zur Hilfe nehmen: Die Farbe eines roten Lichtes wird gemäß der Wirklichkeit der ersten Ordnung auch von einem Kleinkind oder von einem Ureinwohner des

---

[10] Vgl. Hargens, Jürgen (Hrsg.) (2006, Basel): Systemische Therapie ... und gut S. 21
[11] Vgl. Bamberger, Günter G. (Hrsg.) (2005, Basel): Lösungsorientierte Beratung S. 12
[12] Vgl. Von Schlippe, Arist/ Schweitzer, Jochen (Hrsg.) (2003, Göttingen): Lehrbuch der systemischen Therapie und Beratung S. 87 - 88

Amazonas, welcher noch niemals in Kontakt mit der modernen Welt gekommen ist, wahrgenommen. Auf der Ebene der Wirklichkeit der zweiten Ordnung, werden das Kleinkind oder der Ureinwohner dem Rotlicht mit einer hohen Wahrscheinlichkeit nicht den selben Sinn sowie Bedeutung zuschreiben, wie ein erwachsener Mensch eines Industrielandes in Europa.[13]

Aus dieser Segmentierung resultiert die Annahme, dass wir unsere Wirklichkeit nicht in Form von Fakten erschließen, sondern aus individuellen Sinnzuordnungen, Interpretationen, kultur- und traditionsbedingten Gesetzmäßigkeiten sowie Erfahrungen. Der faktische Informationsfluss wird in ein biografisch individuelles Ordnungs- und Bedeutungsraster transportiert und verarbeitet. Dieses Raster bestimmt die Wirklichkeit. Die hier angesprochenen Wahrnehmungsprozesse werden auch als Komplettierungsdynamik bezeichnet, wobei die Wahrnehmung als subjektiv-aktive Informationserstellung anzusehen ist.[14] Wirklichkeiten und Wahrheiten sind also subjektive Konstruktionen von Lebewesen. Menschen werden in diesem Kontext als wirklichkeitserzeugende Systeme betrachtet. Die hierbei erzeugten Wirklichkeiten sind keine Wahrheiten sondern die zur Gewohnheiten gewordenen Überzeugungen. Gesellschaftliche Wirklichkeiten können als Ergebnis einer gemeinschaftlichen Erfindung (z.b. Gesetze oder Verkehrsregeln) angesehen werden, wobei insbesondere die Verbreitung und Akzeptanz zu einer Etablierung und Stabilisierung führen.[15] Diverse Systeme erschaffen also kollektive Wirklichkeiten als Konsens, um bestimmte Regeln zu etablieren. Unsere Wirklichkeiten sind ein Produkt von langen Prozessen der Sozialisation und Sprache.[16] Doch ein Individuum wird sich an solche Wirklichkeitskonstruktionen binden und für wahr halten, welche sein Wohlbefinden maximieren bzw. seine Existenz erhalten werden. Hierbei gilt das Stichwort "Nützlichkeit" für ein physisches, psychisches und soziales Überleben.

Als Konsequenz dieser konstruktivistischen Weltanschauung ergibt sich eine faktische Anleitung innerhalb systemischer Beratungsprozesse. Zunächst muss man akzeptieren, dass es nicht nur eine Wirklichkeit sowie auch Wahrheit gibt, sondern eine größere Anzahl, welche man Anerkennen muss. Unterschiedliche Sichtweisen sind nicht immer wünschenswert, müssen jedoch im Rahmen einer systemischen Beratung als gleich gültig betrachtet werden. In einer Beratung oder Therapiesitzung erkennt man schnell, dass jeder Teilnehmer und auch

---

[13] Vgl. Pörksen, Bernhard (Hrsg.) (2001, Heidelberg/ Auer): Abschied vom Absoluten S. 218 - 219
[14] Vgl. Bamberger, Günter G. (Hrsg.) (2005, Basel): Lösungsorientierte Beratung S. 12
[15] Vgl. Schmid, Bernd (Hrsg.) (2003, Bergisch Gladbach): Systemische Professionalität und Transaktionsanalyse S. 18
[16] Vgl. Von Schlippe, Arist/ Schweitzer, Jochen (Hrsg.) (2003, Göttingen): Lehrbuch der systemischen Therapie und Beratung S. 89

der Berater seine eigenen Wirklichkeiten sowie Wahrheiten mit einbringt. Diese Wahrheiten sind alle gleich gültig! Unterschiedliche Auffassungen über richtig und falsch sowie gut und schlecht sind ganz normale Gegebenheiten in solchen Sitzungen. Und hier soll man die unterschiedlichen Wirklichkeiten nutzen, wobei insbesondere gerade die Unterschiedlichkeit als Instrument anzusehen ist.[17] Die beraterisch-therapeutische Realität darf nicht den Anspruch auf die alleinige Wahrheit fordern. Es soll vielmehr die Wahrnehmung einer größeren Komplexität sowie der Nutzung mehrerer Perspektiven (Mehrdimensionalität) ermöglicht werden. In einer systemischen Beratung darf es keinen Experten geben, welcher seine Konstruktion der Wirklichkeit als real und richtig empfindet und dies zur Schau trägt. In einer Berater-Klient-Beziehung muss der systemische Berater eine Offenheit und Flexibilität vorweisen können, durch die man sich auf die Wirklichkeit des Klienten einlassen kann und man darauf vertraut, dass der Klient selbst ein Experte für die Nützlichkeit von Konstruktionen in seiner Welt ist. Es geht hierbei nicht um eine fachliche Beratung![18]

2.2 Kausalität

Es ist überaus menschlich für diverse Sachverhalte bzw. Probleme eine Ursache zu ermitteln. Doch gerade bei der systemischen Beratung ist es fraglich ob eine Konzeptualisierung von Kausalitäten mit einem linearen Ursache-Wirkungs-Geflecht sinngemäß ist. Der Konstruktivismus spielt bei dem systemischen Verständnis von kausalen Zusammenhängen eine große Rolle. Kerngedanke dabei ist die Annahme, dass es kein System losgelöst von einem Beobachter gibt und sämtliche Systemmitglieder als Beobachter einzuordnen sind. Hierdurch liegt der Fokus auf einem Muster von Beziehungen und Interdependenzen. Veränderungen bei Teilbereichen führen zu Änderungen bei anderen Bereichen. Ein Wandel wird nicht objektiv wahrgenommen, sondern von allen Mitgliedern des Systems individuell subjektiv aufgefasst. Dies wiederum führt zu weiteren Veränderungen. Eine Linearität im Hinblick auf die Kausalität in sozialen Systemen ist nicht gültig. Man spricht hier von einer Rekursivität: Das Verhalten einzelner Personen ist abhängig vom Verhalten der anderen Personen und bedingen dieses gleichzeitig selber. Die Kausalität würde in solch einem Zusammenhang einen Versuch der Reduzierung von Komplexitäten darstellen. Doch solch eine lineare Kausalität besteht nur in Kopf des Beobachters, nicht jedoch im System. Dies wirft eine Frage der Pragmatik hinsichtlich der Kausalität im systemischen Ansatz auf.[19]

---

[17] Vgl. Hargens, Jürgen (Hrsg.) (2006, Basel): Systemische Therapie ... und gut S. 22 - 25
[18] Vgl. Bamberger, Günter G. (Hrsg.) (2005, Basel): Lösungsorientierte Beratung S. 11 & S. 14 - 15
[19] Vgl. Von Schlippe, Arist/ Schweitzer, Jochen (Hrsg.) (2003, Göttingen): Lehrbuch der systemischen Therapie und Beratung S. 90 - 91

Der Begriff Zirkularität bzw. die zirkuläre Kausalität wird gerade bei sozialen Systemen verwendet. Hier gilt das oben erwähnte Prinzip der Rekursivität. Somit lassen sich jegliche Aktionen unter dem Mantel des Ursache sowie auch der Wirkung untersuchen. Zudem sind auch die Auswirkungen wiederum Ursachen für neue Auswirken anzusehen. In einer Familientherapie könnte man folglich eine Person als Täter sowie als Opfer betrachten. Hierbei wird genau die zuvor angesprochene Mehrdimensionalität in einer Sitzung durch den Konstruktivismus ermöglicht. Doch die Zirkularität erzeugt auch eine immense Anzahl von komplexen Interdependenzen, wobei dies durch die Zunahme der Teilnehmer verstärkt wird. Der Therapeut oder Berater muss bezüglich dieser Zirkularität muss genau solche Prozesse identifizieren und verstehen. Daraufhin muss er die unterschiedlichen Konstruktionen im Hinblick auf Wahrnehmungen, Überzeugungen, Werte und Vorstellungen aus der dynamischen Komplexität herauskristallisieren und sie in einer systemischen ganzheitlichen Wirkung für sämtliche Interaktionspartner verständlich zu machen. Hierzu verwendet man beispielsweise die sog. "zirkulären Fragen". Durch diese Denk- und Handlungsweise erhalten systemische Berater den Zutritt zur Metaebene und den Blick auf das Wesentliche sowie die Ganzheitlichkeit.[20] Wichtig im Kontext der systemischen Beratung ist die Hinterfragung essentiell, ob Kausalität überhaupt sachgemäß ist. Es ist jedenfalls nicht als alleiniges Erklärungskonzept anzusehen, denn im Sinne einer systemischen Erkenntnistheorie ist eine Rückverfolgung zur Ursache einer Störung nicht von Signifikanz. In der systemischen Beratung ist nicht die Behandlung von Ursachen das Ziel, sondern eine subsidiäre zukunftsbezogene Herangehensweise an die entsprechenden Störungen.[21]

2.3 Kybernetik

Die Kybernetik befasst sich mit der Lehre von der Regelung und Steuerung komplexer Systeme. Im Kontext der systemischen Beratung findet sich diese Wissenschaft auf zwei Ebenen wieder. Zum Einen haben wir die Kybernetik 1. Ordnung und zum Anderen die Kybernetik 2. Ordnung.[22] Bevor die Kybernetik auf soziale Systeme angewendet wurde, befand man sich eher in technischen Sphären. So ging es in erster Linie um technische Regelkreise, wobei diverse Elemente in einer Wechselbeziehungen zueinander standen. Bei einem Wandel im System wurden Veränderungen identifiziert und die Gesamtheit der Elemente wieder in einen Zustand der Balance (Homöostase) gebracht. Irgendwann versuchte

---

[20] Vgl. Bamberger, Günter G. (Hrsg.) (2005, Basel): Lösungsorientierte Beratung S. 10 - 11
[21] Vgl. Von Schlippe, Arist/ Schweitzer, Jochen (Hrsg.) (2003, Göttingen): Lehrbuch der systemischen Therapie und Beratung S. 93
[22] Vgl. Ellebracht, Heiner/ Lenz, Gerhard/ Osterhold, Gisela (Hrsg.) (2009, Wiesbaden): Systemische Organisations- und Unternehmensberatung S. 29 - 31

man diese Lehre auch auf soziale Systeme anzuwenden, wobei durch die dynamische Interaktionen von Personen neuartige deskriptive Möglichkeiten von Systemen erfolgten. Daraus ergaben sich auch neue Erklärungs- und Interventionsmöglichkeiten. Der systemische Berater innerhalb dieser kybernetischen Vorgehensweise gilt dabei als außenstehender Beobachter und analysiert das soziale System (z.b. Familie) auf seine Grenzen, Koalitionen, Subsysteme, Triangulationen und weitere Eigenschaften. Aufgrund dieser Analyse kann der Berater nun entsprechende Strategien zur Beeinflussung des Systems wählen. Dabei möchte er durch eine Justierung ein Gleichgewicht innerhalb des Systems erzeugen. Diese Herangehensweise nennt man die Kybernetik 1. Ordnung.[23] Kritisch dabei ist der Gedanke der Steuerung und Kontrolle zu erwähnen. Dabei ist insbesondere eine Analogie zur Macht und Kontrollübernahme zu erkennen. Gerade in sozialen Systemen ist dieses Vorgehen eher fraglich.[24] Im Grunde genommen wird die Kybernetik zur Reduzierung der Komplexität verwendet, wobei die Komplexität nicht zerstört wird sondern eher auf ein sachgemäßes und nützliches Maß verringert.[25] Wir haben bereits mehrfach feststellen können, dass die Wirklichkeit immer die Wirklichkeit eines Beobachters ist. Das schließt auch den systemischen Berater mit ein. Die Berücksichtigung dieser Sichtweise nennt sich auch Kybernetik 2. Ordnung.[26] Hierbei wird der Beobachter zum Teil der Beobachtung, denn man hegt Zweifel daran, dass es von außen her objektive Systeme (keinen objektiven Beobachter) gibt. Im Gegensatz zur Kybernetik der 1. Ordnung ist man hier nicht mehr der Meinung, man könne ein komplexes System steuern. Hier begegnet man den Konzepten der Autopoiese und der Selbstreferenz.[27] Der Berater und Klient sind in einem systemischen Verbund. In der Kybernetik der 2. Ordnung bedarf die Interaktion zwischen Berater und Klient einer permanenten Reflexion. Der Beobachter wirkt allein durch seine Beobachtung auf das System verändernd ein, da der Klient stets weiß, dass er beobachtet wird. Der Berater muss ein Gleichgewicht zwischen der Hilfestellung und der Wahrung von Autonomie des Klienten aufrechterhalten, damit eine möglichst erfolgreiche Lösungssuche ermöglicht wird.[28] Der Berater ist also darauf angewiesen sich selbst in die Beobachtung mit einzubeziehen.[29]

---

[23] Vgl. Bamberger, Günter G. (Hrsg.) (2005, Basel): Lösungsorientierte Beratung S. 9
[24] Vgl. Von Schlippe, Arist/ Schweitzer, Jochen (Hrsg.) (2003, Göttingen): Lehrbuch der systemischen Therapie und Beratung S. 53
[25] Vgl. Pörksen, Bernhard (Hrsg.) (2001, Heidelberg/ Auer): Abschied vom Absoluten S. 224
[26] Vgl. Schmid, Bernd (Hrsg.) (2003, Bergisch Gladbach): Systemische Professionalität und Transaktionsanalyse S. 19
[27] Vgl. Ellebracht, Heiner/ Lenz, Gerhard/ Osterhold, Gisela (Hrsg.) (2009, Wiesbaden): Systemische Organisations- und Unternehmensberatung S. 30
[28] Vgl. Bamberger, Günter G. (Hrsg.) (2005, Basel): Lösungsorientierte Beratung S. 9 - 10
[29] Vgl. Osterhold, Gisela (Hrsg.) (2002, Wiesbaden): Veränderungsmanagement S. 24

3 Ausgewählte Merkmale der systemischen Beratung

Unter diesem Punkt möchten wir abschließend das Wesen einer systemischen Beratung fokussieren, wobei wir uns insbesondere auf das systemische Weltbild in Abgrenzung zur klassischen Beratungsweise und auf die Philosophie des lösungs- und ressourcenorientierten Ansatzes in der systemischen Beratung/ Therapie konzentrieren werden.

3.1 Das systemische Weltbild

Innerhalb der systemische Beratung gelten andere Denk- und Handlungsweisen als bei einer klassischen Beratung. Das systemische Weltbild wird stark von dem Konstruktivismus beeinflusst. Anders als bei einer klassischen Beratung, wo die Objektivität, statische Gesetze und nur eine Wahrheit propagiert werden, gibt es im systemischen Ansatz den Kerngedanken der vielen subjektiven Wirklichkeiten und Wahrheiten. In der Klassik findet sich oftmals ein schwarz-weiß Denken, wobei von richtig und falsch sowie wirklich und unwirklich gesprochen wird. Im systemischen Weltbild bezieht man sich auf die Nützlichkeit von Elementen und fokussiert eine Mehrdimensionalität sowie Kontextabhängigkeit. Auch die Kausalität ist unterschiedlich anzusehen. Lineare Kausalität beim klassischen Weltbild der Beratung begegnet der Rekursivität bzw. Zirkularität der systemischen Konzepte. Zudem werden Ursache-Wirkungs-Zusammenhänge in Frage gestellt. Anstelle der klassischen Beraterrolle (fachliche Kompetenzen - *hard skills*) ist der systemische Berater als fachübergreifend und mit hoher Kompetenz bezüglich der sog. *soft skills* in den Bereichen Kommunikation, Reflektion und Integration ausgestattet. Dieser soll in erster Linie keine fachliche Kompetenz einbringen, sondern intra- und interpersonelle Probleme analysieren und durch ein ressourcenorientiertes Vorgehen Lösungen aufzeigen. Seine Rolle manifestiert sich durch Zuhören, Fragen, Dialoge und die Reflexion bezüglich von Systemen sowie seiner eigenen Gedanken und Handlungen. Auch gehört die Wertschätzung gegenüber dem Klienten und sich selbst zu einer wichtigen Rolleneigenschaft.[30] Im Zentrum der Beratung befindet sich das Individuum und der Kontext bzw. die systemischen Interdependenzen. Es geht hierbei weniger um die analytische Perspektive im Hinblick auf die Persönlichkeit und intrapsychische Dynamik eines Individuums, sondern um die Hervorhebung von interpersonellen Gegebenheiten, wobei die Mehrdimensionalität von Interaktionen innerhalb komplexer, vernetzter und rekursiver Systeme im Vordergrund steht. Durch die für die systemische Beratung typische komplexere Sichtweise, werden signifikante Zusammenhänge

---

[30] Vgl. Bartscher, Thomas/ Stöckl, Juliane (Hrsg.) (2011, Freiburg): Veränderungen erfolgreich managen S. 69 - 71

sowie Wechselbeziehungen lokalisiert und identifiziert. Hierdurch ergeben sich eine größere Anzahl von beraterisch-therapeutischen Interventionsmöglichkeiten. Die systemische Beratung sowie Therapie erlangt durch diese Denk- und Handlungsweise eine erhöhte Nützlichkeit und damit auch Effektivität.[31]

3.2 Lösungs- und ressourcenorientierter Ansatz

Der systemische Berater soll keine Antworten bezüglich des Problems liefern, sondern den Klienten bei der eigenen Lösungsfindung unterstützen. Die Aktivierung der Eigenleistung eines Individuums ist ein grundlegendes Ziel in der systemischen Beratung.[32] Denn die beste Beratung der Welt führt zu keiner nachhaltigen Verbesserung, wenn wir als Berater stets alles besser wissen. Der Klient muss im Sinne einer Selbstorganisation eigene Erfahrungen machen sowie Lösungen finden. Hierdurch entsteht langfristiges Lernen sowie die Stabilisierung eines positiv empfundenen Zustands im entsprechendem System. Es sollen also die Entscheidungs- und Handlungsspielräume eines Klienten optimiert werden, wobei eine Eigendynamik angestrebt wird.[33] Der erste Schritt in einem Veränderungsprozess muss vom Klienten aus gemacht werden. Die Maxime in diesem Prozess beleuchtet die Lösungskonstruktion anstelle der Problemanalyse. Nicht die Vergangenheit wird zum signifikanten Zeitraum der beraterischen Arbeit, sondern der Blick in die Zukunft, der auf die möglichen Lösungen verweist. Die Verhaltensoptionen sollen dem Klienten den gewünschten Wandel in seinem Leben ermöglichen.[34] An die Lösungsorientierung wird auch die Ressourcenorientierung gekoppelt. Lösungen und die dafür benötigten Ressourcen stehen nun im Zentrum und nicht die defizitären Zustände sowie Problemanalysen.[35] Ressourcen sind die Fähigkeiten bzw. Potenziale, welche für eine Veränderung benötigt werden. In der systemischen Beratung bzw. Therapie soll durch diese ressourcenorientierte Grundhaltung ein nachhaltiger Aufbau von Stärken ermöglicht werden, wodurch keine Rückfälligkeit in alte negative Muster erfolgen soll. Der Klient ist der eigene Experte für seine Lebenslage und damit, auch wenn durch die Hilfe zur Selbsthilfe, sein bester Problemlöser und Katalysator für Veränderungen.[36]

---

[31] Vgl. Bamberger, Günter G. (Hrsg.) (2005, Basel): Lösungsorientierte Beratung S. 8
[32] Vgl. Bartscher, Thomas/ Stöckl, Juliane (Hrsg.) (2011, Freiburg):
Veränderungen erfolgreich managen S. 73
[33] Vgl. Ellebracht, Heiner/ Lenz, Gerhard/ Osterhold, Gisela (Hrsg.) (2009, Wiesbaden):
Systemische Organisations- und Unternehmensberatung S. 41 - 42
[34] Vgl. Bamberger, Günter G. (Hrsg.) (2005, Basel): Lösungsorientierte Beratung S. 18 - 35
[35] Vgl. Schmid, Bernd (Hrsg.) (2003, Bergisch Gladbach):
Systemische Professionalität und Transaktionsanalyse S. 18
[36] Vgl. Schiepek, Günter (Hrsg.) (1999, Göttingen): Die Grundlagen der systemischen Therapie S. 52 - 54

II. Literaturverzeichnis

- Von Schlippe, Arist/ Schweitzer, Jochen (Hrsg.) (2003, Göttingen):
  Lehrbuch der systemischen Therapie und Beratung

- Hargens, Jürgen (Hrsg.) (2006, Basel): Systemische Therapie ... und gut

- Bamberger, Günter G. (Hrsg.) (2005, Basel): Lösungsorientierte Beratung

- Pörksen, Bernhard (Hrsg.) (2001, Heidelberg/ Auer): Abschied vom Absoluten

- Schmid, Bernd (Hrsg.) (2003, Bergisch Gladbach):
  Systemische Professionalität und Transaktionsanalyse

- Ellebracht, Heiner/ Lenz, Gerhard/ Osterhold, Gisela (Hrsg.)
  (2009, Wiesbaden): Systemische Organisations- und Unternehmensberatung

- Osterhold, Gisela (Hrsg.) (2002, Wiesbaden): Veränderungsmanagement

- Bartscher, Thomas/ Stöckl, Juliane (Hrsg.) (2011, Freiburg):
  Veränderungen erfolgreich managen

- Schiepek, Günter (Hrsg.) (1999, Göttingen):
  Die Grundlagen der systemischen Therapie

- Watzlawick, Paul (Hrsg.) (2000, München): Anleitung zum Unglücklichsein

- Ludewig, Kurt (Hrsg.) (2009, Heidelberg):
  Einführung in die theoretischen Grundlagen der systemischen Therapie

- Kleve, Heiko (Hrsg.) (2010, Wiesbaden): Konstruktivismus und soziale Arbeit